우리는 왜 생각할까?

정보는 전기 신호의 형태로 뇌에 전달된다.

사람

정보는 신경 세포라는 특별한 세포를 통해서 전달된다.

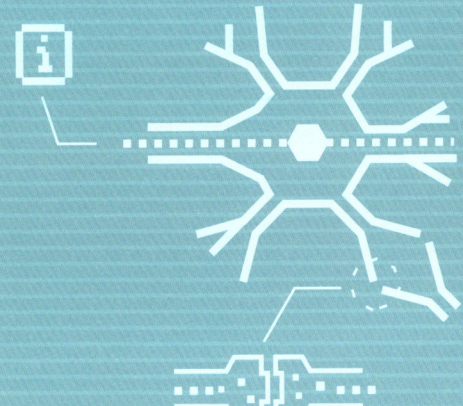

신경 세포들은 시냅스로 연결되어 있다.

이것은 지식과 능력, 기억을 전부 합친 구조다.

컴퓨터

인공 신경 세포가 전기 신호의 형태로 정보를 전달한다.

인공 신경 세포는 사람의 신경 세포와 마찬가지로 연결망 형태로 이어져 있다.

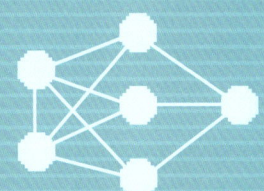

로딩 중

인공 지능 나라의 앨리스

글 리샤르트 타데우시에비치
글 마리아 마주레크
그림 마르친 비에주호프스키

차례

인공 지능이란?

- 6~7 앨리스네 만능 로봇 바시아
- 8~9 간단한 걷기도 로봇에게는 어렵다!
- 10~11 뇌가 없는 인공 지능이 똑똑한 이유
- 12~14 앨리스의 인공 지능 선생님, 마티 삼촌

인공 지능의 역사

- 15~18 인공 지능의 개척자
- 19~20 인공 지능은 만병통치약이 아니다
- 21 기계는 사람처럼 생각할 수 있을까?: 튜링 테스트
- 22~23 튜링 테스트를 '거의' 통과할 뻔한 챗봇 엘리자
- 24~25 챔피언의 패배, 인공 지능이 사람을 이기다

일상 속 인공 지능

- 26~27 택시 호출 앱도 인공 지능
- 28~29 스마트 신호등도 인공 지능
- 30~31 우리의 상상은 현실이 된다!: 하늘을 나는 택시와 자율 주행차
- 32 위험한 상황에서의 '결정'은 어떻게 프로그래밍할까?
- 33 휴대폰 없는 삶은 상상할 수 없어!
- 34 인공 지능으로 가득 차 있는 인터넷
- 35 인공 지능은 우리가 인터넷에서 한 일을 알고 있다
- 36~37 휴대폰 속 인공 지능
- 38~39 가짜 뉴스 조심!

인공 지능이 작동하는 법

- 40~41 기계도 반복 학습이 필요해
- 42~47 인공 지능은 사람의 뇌처럼 작동한다: 인공 신경망과 머신 러닝
- 48~51 '1'과 '0' 사이에 있는 것을 다루다: 퍼지 논리

인공 지능, 친구인가 적인가?

- 52~53 로봇이 세상을 지배할 거라고?
- 54~55 피할 수 없는 기술 발전
- 56~57 4차 산업혁명이 다가온다
- 58~59 일할 필요가 없는 세상
- 60~61 기계가 반란을 일으킬 수 있을까?

인공 지능 세계를 모험하는 방법

- 62~63 시작은 꿈
- 64~66 앱을 만들기 위해 프로그래머가 될 필요는 없어!
- 67 네가 뭘 원하는지 안다: 지식 공학
- 68~70 '평범한 사람'을 도와주는 전문가 시스템

인공 지능 궁전에 들어가자!

- 71~77 인공 지능에 관한 세 가지 시험: 앨리스와 심술궂은 라마들
- 78~79 감정을 느끼는 사람이라 좋다!

앨리스네 집에 바시아가 온 뒤로 모든 것이 달라졌어. 바시아라는 이름은 앨리스가 붙여 줬어. 학교에서 제일 예쁘고 똑똑한 친구의 이름을 따서 지었지.
바시아는 부모님을 도와 저녁밥을 짓고, 가계부를 정리해. 남동생 애덤이 어질러 놓은 장난감도 치우고, 날마다 앨리스의 숙제도 도와줘. 부모님이 외출해야 할 때면 앨리스와 애덤을 돌보기도 해. 바시아는 앨리스네 가족이 부탁하는 모든 걸 다 들어줘. 감자 껍질을 까고, 바닥을 쓸고, 철학과 정치에 대한 이야기도 나눠. 집에 사람이 오면 인사도 하지. 하루하루, 순간순간, 바시아는 새로운 것을 배워서 점점 더 똑똑해지고, 새로운 기술도 익혀. 절대로 잠도 자지 않고, 피곤해하지도 않고, 배고파하지도 않아. 짜증 내거나 말을 안 듣는 일도 없어.

여러분, 제가 여러분께 드리려고 커피와 과자아아아아…

아이고머니나! 이 바보 같은 계단은 대체 누가 만들었담!

바시아는 로봇이야. 우주복을 입은 것만 빼고 거의 사람처럼 보여. 얼굴 비슷한 게 있고, 두 다리와 두 팔이 있어. 팔에는 열 손가락이 있는 손이 달려 있지. 키는 앨리스랑 비슷해. 겉모습만 놓고 볼 때, 바시아가 사람과 가장 다른 점은 걷는 데 서툴다는 거야. 바시아는 수학 공식이나 역사적 사건에 대해 물어보면 빠르고 정확하게 대답해. 하지만 계단을 오르내리는 일은 노력하고 또 노력해도 잘 안 돼. 이번에도 실패야.

기계 공학자가 **사람하고 비슷하게 생긴 인간형 로봇**을 만들 때 가장 어려워하는 부분은 바로 **이족 보행**이라고 아빠가 알려 줬어. 그러니까 바시아가 사람처럼 두 발로 걸을 수 있도록 하는 것 말이야. 사실 앨리스는 인간형 로봇 어쩌고보다 '바시아'라고 부르는 걸 좋아해.

난 바시아가 나처럼 두 발로 걷는 게 마음에 들어!

바시아는 다른 부분도 다 나랑 비슷해. 내 치수에 맞춰 설계되었거든.

우리 같은 기계 대부분은 아예 다리가 없어.

잘났어, 정말! 나도 버스 타고 놀러 가고 싶은데.

우리 때는 그런 거 없었어.

우리가 사는 세상은 키가 어느 정도 되고 두 다리가 있는 사람이 가장 편하게 생활하도록 만들어져 있어. 도로도, 가구도, 버스도 말이야. 악어가 버스에 오르내리는 걸 상상해 봐, 앨리스.
아빠가 빙긋 웃으며 말했어.

호기심이 많고 끈질긴 앨리스는 이 대답이 만족스럽지 않았어. **사람은 뇌 속에 천억 개에 이르는 뉴런, 그러니까 신경 세포가 있어서 생각을 할 수 있는 거잖아.** 뇌에 관심이 많은 앨리스는 이 점을 아주 잘 알고 있었어. 그런데 바시아나 다른 어떤 로봇도, 어떤 프로그램도 뇌는 없잖아. 앨리스는 어떻게 사람이 자신과 비슷하거나 자신보다 더 똑똑한 기계를 만들어 낼 수 있는지 무척 궁금했어. 하지만 부모님도, 선생님도 앨리스의 궁금증을 해결해 주진 못했지.

사람의 뇌 속에는 천억 개에 이르는 신경 세포가 서로 연결되어 있다.

사람이 새로운 것을 배우면 뇌 속에서 신경 세포들이 새롭게 연결된다.

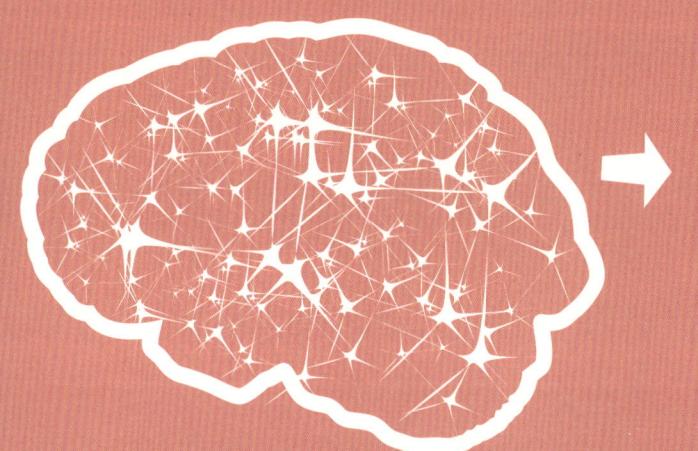

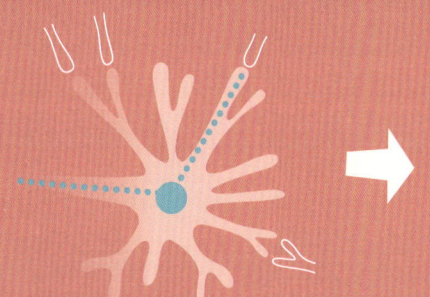

신경 세포들은 전기 신호의 형태로 정보를 전달한다.

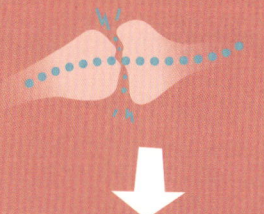

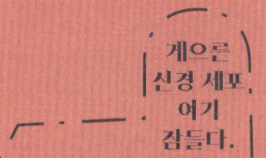

오랫동안 쓰이지 않은 신경 세포끼리의 연결은 점점 약해지다가 끊어진다. 그러면 사람은 잊어버린다.

"게으른 신경 세포 여기 잠들다."

인공 지능은 인공 신경망을 이용하여 '생각'한다.

인공 지능을 바탕으로 한 프로그램은 스스로 인공 신경망을 연결할 수 있다. 인공 지능은 이 과정을 통해 무언가를 배운다.

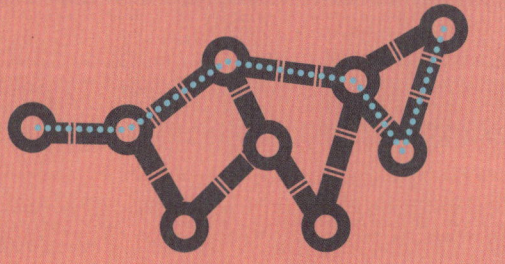

인공 신경망은 저절로 끊어지는 법이 없으므로 프로그램은 모든 세부 사항을 기억하고 절대로 잊지 않는다.

"유머 감각이 뛰어난 앨리스, 안녕? 숙제 같이 할까?"

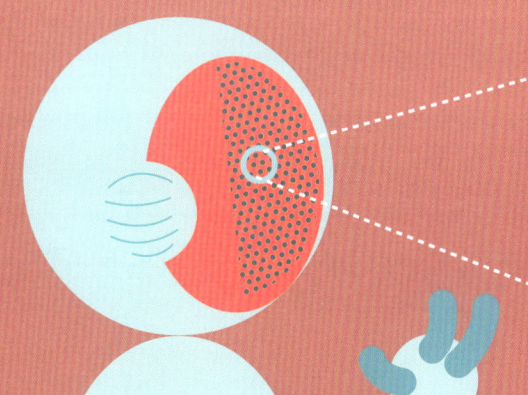

"우아! 바시아, 나에 대해서 이렇게 많은 걸 기억하다니!"

11

어느 날 엄마가 앨리스에게 반가운 소식을 전했어. 바로 마티 삼촌이 앨리스네 집에 온다는 거였지. 앨리스는 가장 좋아하는 삼촌을 거의 2년 가까이 못 만났기 때문에 아주 기뻤어. 마티 삼촌은 프로그래머이자 수학자인데 서울에 살아. 엄청나게 큰 실험실에서 아주 흥미로운 일을 하고 있지. 최근에는 장 본 물건을 집으로 배달하는 드론을 만들었대. 또 바시아와 비슷한 가정용 도우미 로봇을 설계하는 데 참여하기도 해.

한국

아, 네가 뭘 원하는지 알겠다!

모르는 얼굴입니다. 위험한 인물일 수 있습니다. 앨리스네 집에 온 마티 삼촌을 보자마자 바시아가 외쳤어. 삼촌이 앨리스네 집에 마지막으로 온 것은 바시아가 오기 한참 전이었으니까 이상한 일도 아니지. 이제 바시아는 삼촌의 얼굴 사진을 여러 장 찍고, 삼촌 목소리에 귀 기울여야 해. 그래야 다음번에 삼촌이 왔을 때 '우리 편'이라는 걸 알 수 있지.

인공 지능은 학습 능력이 있어.
삼촌이 빙긋 웃으며 말했어.

맞아! 네가 얘기를 꺼냈으니 말인데, 우리 딸이 그 분야에 대해서 너한테 물어보고 싶은 게 많대.
아빠가 말했어.

대상 기록

결과 없음. 데이터 추가.

모델 생성

신원 확인: 마티 삼촌
자격: 가족

안전

사람은 언제부터 인공 지능을 연구했어요?
그리고 인공 지능이 도대체 뭐예요?
누가 생각해 냈어요? 어째서요?

앨리스는 아빠가 말하는 도중에 끼어들어 삼촌에게 질문 폭탄을 퍼부었어.
오래 기다린 만큼 자기가 직접 질문하고 싶었거든.

앨리스, 너도 컴퓨터 있지?
삼촌이 물었어.

앨리스는 빨간 노트북을 손으로 가리켰어. 앨리스가 숙제를 하고, 정보를 검색하고, 동영상을 보고, 친구들과 약속도 정하는 노트북이지.

저렇게 작은 네 컴퓨터 안에도 인공 지능 프로그램이 가득해.

컴퓨터에는 여러 복잡한 프로그램이 깔려 있다. 이 프로그램은 각각 기능이 다르며 함께 작동한다.

자! 케이블을 200개만 더 꽂으면 계산을 시작할 수 있어!

예전에는 종이에 구멍을 뚫어서 정보를 입력한 천공 카드를 읽히거나, 여러 개의 케이블을 연결하는 방식으로 프로그래밍을 했다.

그나마 간단한 프로그램 하나만 작동할 수 있었고, 그 프로그램은 오로지 계산만 할 수 있었다.

대단한 기계다. 전쟁에 활용하자!

처음에 컴퓨터를 오직 군대에서만 썼다.

상상해 봐, 수십 년 전에 컴퓨터는 네 멋진 노트북보다 수십 배나 큰 거대한 기계였어. 게다가 아주 오랫동안 계산하는 일에만 쓰였지. 그건 이름만 봐도 알 수 있어. **컴퓨터라는 단어는 계산하다라는 뜻을 지닌 라틴어 computare에서 비롯되었거든.**

다행히도 1960년대 말에 과학자들이 다시 이 주제를 연구하기 시작했지. 바로 그때 사람과 대화할 수 있는 프로그램인 **챗봇**이 발전하기 시작했어. 삼촌이 싱긋 웃으며 말했어.

하지만 어떤 기계도 튜링 테스트를 통과하지 못했습니다.
바시아가 갑자기 끼어들었어.
알고 보니 대화 모드가 계속 켜져 있던 거야.

안녕! 안녕!

이제 막 그 얘기를 시작하려던 참인데! 똑똑한 로봇이구나.

마티 삼촌이 껄껄 웃으며 바시아가 대화에 끼어들지 못하도록 버튼을 눌러 꺼버렸어.

앨런 튜링

기계는 계산이 빠르고 논리적인 듯 보이지. 하지만 과연 사람처럼 생각할 수 있을까? 그걸 간단하게 확인할 방법을 내가 생각해 냈지.

인공 지능 연구가 시작되었을 때 생겨난 핵심 질문이 있어.
기계는 생각하는가? 이 질문에 대한 의견은 과학자들마다 달랐어.
생각한다는 게 대체 무엇인지 과학자들은 서로 논쟁하기 시작했지.

안녕.
요즘 어때?
안녕.
괜찮아.

나, 그 사람한테 완전히 설득당했어. 날 자기 부모님한테 소개한다는 거 있지.

인공 지능 분야에서 가장 중요한 사람 중 하나인 **앨런 튜링**은 이렇게 말했어.

컴퓨터가 생각하는지 확인하려면 컴퓨터와 대화를 나눠 보면 됩니다. 생각하는 사람과 대화를 나누는 것처럼 컴퓨터와 자연스럽게 대화를 주고받을 수 있다면 컴퓨터는 생각하는 능력을 가진 겁니다.

이 내용을 바탕으로 과학자들은 실험을 생각해 냈어. 한 사람 또는 여러 사람이 컴퓨터와 대화를 나누게 해. 이 사람들은 자신이 컴퓨터와 이야기하는지 사람과 이야기하는지 알지 못하는 공정한 심판인 셈이지. 대화가 끝난 뒤 참가자들에게 반대편에 진짜 사람이 있었는지 물어봐. 만약 참가자들이 그렇다고 대답하면, 컴퓨터가 생각하는 존재처럼 행동한다는 뜻이지. 이 실험은 튜링의 이름을 따서 **튜링 테스트**라고 해.

누가 나를 켜 줄까?

그러면 지금까지 그 실험을 한 어떤 챗봇도 사람을 속이지 못했어요? 앨리스가 궁금해했어.

한 번, 1970년대에 거의 그럴 뻔했어. 컴퓨터 공학자 **요제프 바이첸바움**은 심리 치료사를 흉내 내는 챗봇을 만들었어. 엘리자라는 이름을 가진 그 챗봇은 **사람의 말을 창읠성 있게 들어 준 뒤에 그 말의 표현을 살짝 바꿔서 반복하는 방식으로 대화를 계속했어.** 심술궂은 사람들이 말하는 '훌륭한 심리 치료사의 일'을 그대로 한 거야.

요제프 바이첸바움

내가 장난을 조금 쳤지.

엘리자는 겉보기와 달리 복잡한 프로그램은 아니었어. 그저 수십 개의 규칙으로만 이루어져 있었지. 그런데 그걸로 충분했어.

챗봇의 작동 방식:

대화 예시:

환자: 문제가 있어요.

엘리자: 문제가 뭐예요?

환자: 무서워요.

엘리자: 뭐가 무서워요?

① 프로그램이 핵심어를 인식한다.

기분이 어때?
기분이 좋다.

② 데이터베이스에 저장된 대화 문장을 핵심어에 맞춰 지정한다.

☐ 괜찮다.
☑ 좋다.
☐ 나쁘다.

③ 선택된 문장을 사용하여 대답한다.

삼촌이 말을 이었어.

인공 지능 역사에서 그다음에 일어난 가장 획기적인 사건은 **딥 블루**라는 컴퓨터가 **세계 체스 챔피언과 겨루어 이긴 거야.**
1997년 5월 11일에 일어난 일이지. 이게 어째서 그렇게 중요한 사건인지 이해하려면 이걸 먼저 알아야 해. 일찍이 과학자들은 컴퓨터가 체스로는 사람의 상대가 안 될 거라고 해 왔거든. 컴퓨터 프로그램이 뛰어난 체스 선수들을 이기기 시작하자, 냉소적인 사람들은 계속해서 이렇게 말했어.
"이건 인공 지능이 아니라 프로그래머의 지능이다. 뛰어난 체스 실력을 갖춘 프로그래머가 자신의 능력을 프로그램에 전부 옮겨 놓은 것이다."
하지만 컴퓨터가 세계 체스 챔피언을 이겨 버리자, 냉소적인 사람들도 더는 할 말이 없게 됐어. 앨리스, 왜 그런지 아니?

체스 경기에서 말을 움직이는 방법은 수없이 많다.

그러므로 프로그램은 수많은 방법과 가능성을 탐색하고, 수백만 번의 연습 경기를 진행한다.

연습 경기를 통해 탐색한 여러 가지 방법 중 가장 좋은 것을 선택한다.

스스로 알고리즘을 만들어 거기에 따라 말을 움직인다.

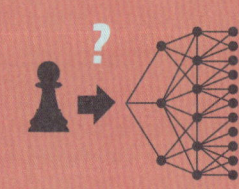

앨리스는 잠시 생각한 뒤에 이렇게 외쳤어.
알겠어요! 어떤 프로그래머도 세계 체스 챔피언보다 체스를 더 잘 두진 못하기 때문이죠!

삼촌이 앨리스를 칭찬했어. 우리 조카가 아주 똑똑한 사람으로 잘 자라고 있구나. 어떤 프로그래머도 기계에게 카스파로프를 이기는 법을 가르칠 수 없어. 왜냐하면 프로그래머 자신도 못 하는 일이니까.

어떻게 된 거지? 이 수는 평생 처음 써 본 건데! 프로그램이 데이터베이스에 저장했을 리 없는데.

누가 왕이냐?

세계 체스 챔피언인 카스파로프 자신도 그 결과에 무척 놀란 것 같았어. 인터넷을 찾아보면 지친 카스파로프가 양손으로 얼굴을 감싸고 있는 사진을 볼 수 있어. 아래를 내려다보는 모습이 다 포기한 것처럼 보이지. 놀랄 일도 아냐. 상상도 못 했던 것과 마주쳤으니까.

2016년에 인공 지능은 사람이 우세하던 분야에서 또 한 번 승리를 거둬. 체스보다 더 어려운 게임인 바둑에서 **세계 챔피언과 겨루어 이긴 거야.** 하지만 그리 놀랄 만한 일은 아니야. 귀족들이 즐겨서 귀족의 게임이라 불린 체스는 논리에 바탕을 두고 있어. 황제의 게임이라 불리는 바둑은 체스보다 더 복잡한 게임이지만, 이 또한 논리에 바탕을 두고 있지.

바둑

이세돌

"사람의 직관력을 인공 지능이 따라잡기는 힘들 것이다."

바둑은 바둑알을 놓을 수 있는 경우의 수가 너무 많아서, 상대방의 수를 예측하는 것은 불가능하다. 이런 데이터는 컴퓨터에 미리 입력할 수 없다.

알파고!

"이봐, 그렇게 자신만만해 하지 마. 당신이 생각하는 방식을 배워서 당신을 이길 방법을 찾아낼 거니까."

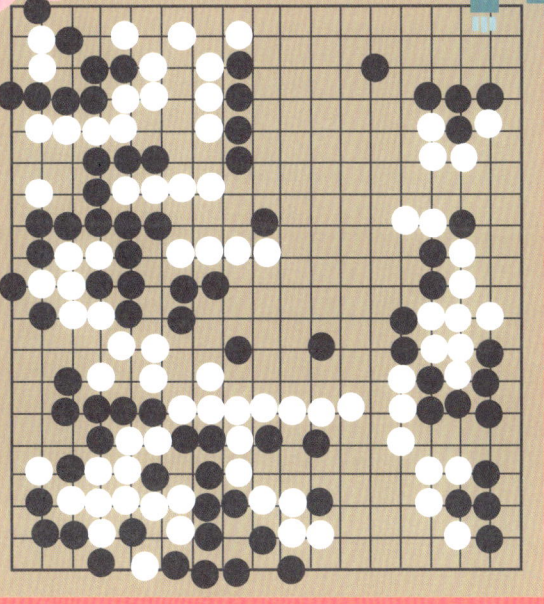

포커

"이봐, 왜 그렇게 소심하게 걸지?"

"난 다이! 네가 나보다 낫다!"

하지만 논리뿐 아니라 상대방을 속이는 능력도 중요한 게임이 있지. 바로 포커야. 그런데 앨리스, **2017년 1월에 컴퓨터가 포커 챔피언을 이겼어.** 컴퓨터가 논리적 생각만이 아니라 속임수에서도 사람보다 낫다는 게 증명된 거야!

앨리스는 당장 수많은 질문들을 떠올렸어.
그렇지만 앨리스가 입을 열기도 전에 부모님이 막았지.
딸, 삼촌도 좀 쉬게 해야지? 아주 먼 길을 왔으니 피곤할 거야.
그리고 우리도 삼촌하고 얘기 좀 하고 싶어!

가장 중요한 질문은 아직 시작도 못 했는데 말이야. 삼촌은 앨리스가 실망한 걸
눈치채고 이렇게 물었어. 앨리스, 아직도 슈크림 좋아하니?
앨리스는 빙긋 웃으며 고개를 끄덕였어.

그러면 토요일에 최고로 맛있는 슈크림 먹으러
시내에서 가장 높은 건물 꼭대기 층에 있는 카페에 가자.
그때 로봇이랑 컴퓨터, 프로그램에 대해 마음껏 물어보렴!

삼촌과 대화를 나눈 뒤 앨리스의 궁금증은 더욱 커졌어.
**인공 지능은 또 어떤 일에 쓰일까? 미래에는 어떤 일에
인공 지능을 쓰게 될까? 컴퓨터는 어떻게 새로운 걸 배울까?**
앨리스는 여전히 궁금한 것투성이였지.

기다리고 기다리던 토요일이 됐어. 아빠가 앨리스를 삼촌과 약속한 카페로 데려다주려고 했는데, 하필 차가 고장 난 거야. 이게 무슨 일이람! 아빠는 어쩔 수 없이 휴대폰에 설치한 **앱으로 택시를 불렀어.** 약속 장소에 도착했을 때 아빠는 돈을 낼 필요가 없었어. **앱이 알아서 아빠의 신용 카드로 택시비를 결제했기 때문이지.** 앨리스를 카페까지 데려다준 아빠는 삼촌에게 손을 흔들어 인사한 뒤 할 일을 하러 달려갔어.

앱이 승객과 접근 가능한 운전기사의 위치를 확인한다.

운행 시간과 요금을 확정한다. → 20분 / 8,000원

가장 좋은 조건을 선택한다.

최적의 경로를 설정한다.

운전자와 승객은 현금 없이 거래한다.

앱은 데이터를 수집하고, 알고리즘을 개선해 나간다.

앨리스가 어째서 약속에 늦었고, 카페까지 어떻게 도착했는지 설명하자 삼촌은 웃음을 터뜨렸어. 너는 몰랐겠지만, **네가 여기까지 오도록 도와준 것도 인공 지능이야.** 택시 호출 앱도 인공 지능을 사용하거든. 삼촌이 말했어.

삼촌은 신호등이 있는 교차로를 가리켰어.
저건 이른바 스마트 신호등이야. 엄청 단순한 인공 지능이지. 스마트 신호등은 언제나 똑같은 주기로 바뀌지 않아. **스마트 시스템**이 교통 체증을 더는 쪽으로 신호 주기를 바꿔 주거든. 차가 더 많은 쪽에 초록 불이 더 오래 켜지게 하는 거야.

차 막히는 것 진짜 싫어요. 특히 어디 서둘러 가야 할 때요! 차가 막힐 때마다 우리 차가 공중으로 떠올라서 줄지어 선 차들을 다 지나쳐 날아가는 상상을 해요. 앨리스는 꿈꾸듯 말했어.

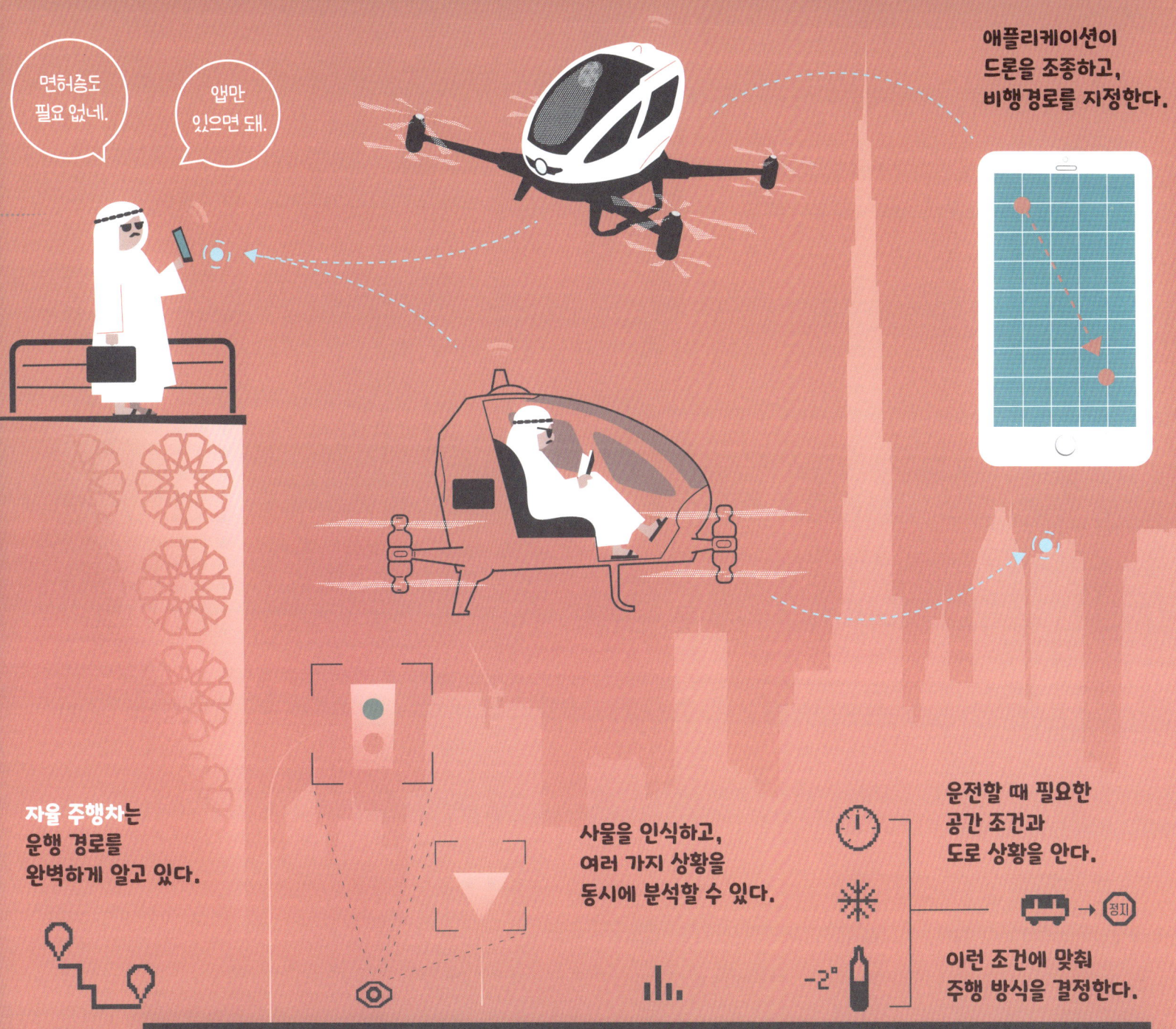

음, 잘 모르겠어요. 왠지 상상이 잘 안 돼요.
앨리스는 미심쩍은 눈치였어.

직접 타 보면 아주 편리하다는 걸 알게 될 거야. 하지만 프로그램 개발자들은 아직도 여러 가지 딜레마를 앞에 두고 있어. 여기에는 윤리적인 딜레마도 포함되는데, 이를테면 **위험한 상황에서 자동차의 '결정'을 어떻게 프로그래밍하느냐**는 것이지.

이런 상황을 상상해 보자. 어떤 남자가 자율 주행차를 타고 가면서 책을 읽고 있었어.

자동차가 모퉁이를 돌자 길 한가운데에서 아이들이 놀고 있었지.

컴퓨터는 눈 깜짝할 사이에 완전히 멈추는 것은 불가능하다는 결론을 내렸어.

자동차는 나무를 들이받아서 승객을 다치게 하든지, 아니면 아이들을 다치게 하든지 둘 중 하나를 선택해야 했지.

여러 전문가에게 이 예시를 들려준 뒤 이렇게 질문했어. "컴퓨터를 어떻게 프로그래밍해야 할까요?"
모두 다 자동차가 나무를 들이받아야 한다고 했어. 어른 한 명이 다치는 편이 아이 여러 명이 다치는 것보다 낫다는 거지.
하지만 같은 전문가들에게 그런 자동차를 타고 싶냐고 묻자, 모두 "아니요"라고 대답했어.

삼촌이 고개를 끄덕였어.

그래, 앨리스, 이 모든 것이 인공 지능이야. 인터넷은 인공 지능으로 가득 차 있지. 물론 **인터넷** 자체는 서로 연결된 컴퓨터들의 거대한 통신망일 뿐이야. 그 통신망은 네 몸 전체에 퍼져 있는 신경계처럼 온 세상에 퍼져 있고, 서로 엮여 있는 데다 계층적인 구조를 갖고 있지.

이 말은 컴퓨터들이 지역 통신망으로 연결돼 있고, 지역 통신망은 더 큰 통신망에, 그리고 더 큰 통신망은 그보다 더 큰 통신망에 연결돼서 결국은 40억 대의 기계가 전 지구적인 통신망을 이루고 있다는 뜻이야. 그래서 어떤 사람들은 인터넷을 통신망들의 통신망이라고 해.

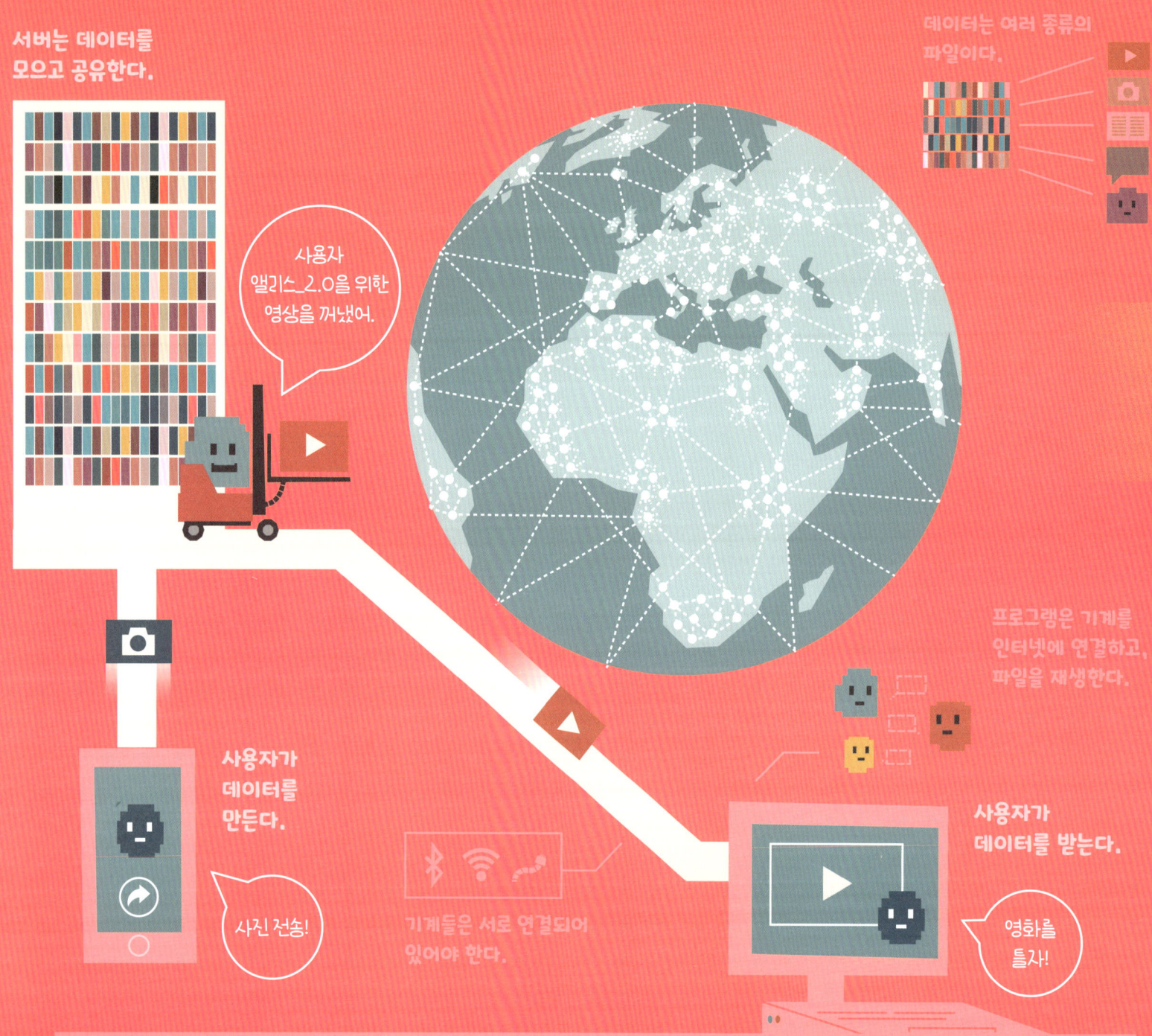

그러나 선으로 연결된 컴퓨터들은 **인터넷을 가득 채운 지능형 프로그램들**이 없다면 별 의미가 없어. 지능형 프로그램 덕분에 통신망을 통해서 심지어 지구 반대편에 있는 사람과도 소통할 수 있지. 예술 작품도 감상하고 말이야. 너희 엄마는 인터넷으로 장도 보고, 세금도 내. 너랑 같이 어느 도시라도 여행할 수 있어. 비록 가상 현실 속에서지만 말이야.

그런데 안타깝게도 이 거대한 인터넷 통신망에는 쓰레기와 위협이 너무 많아. 지능형 프로그램은 너에 관한 데이터를 많이 수집할 수 있으니, 무엇을 누구와 공유할지 신경을 써야 해.

빅 데이터

기존의 방법으로 검색하기에는 이미 데이터가 너무 많다.

이런 세상에! 난 안 할래.

그럼 나는 똑똑한 방법을 선택하겠어. 무엇을 어떻게 찾아야 할지 알아야 해.

프로그램은 우리가 인터넷에서 한 활동을 이용한다.

어머, 근처에 아이스크림 가게가 새로 생겼네! 내가 아이스크림 좋아하는 걸 어떻게 알았지?

난 네가 인터넷에서 뭘 즐겨 하고, 뭘 즐겨 찾는지 잘 알고 있지. 네 프로필을 만들고 있거든.

그걸 바탕으로 너에게 제안하는 거야.

물론 이 데이터가 너에게 더 나은 서비스와 새로운 해결책을 내놓는 쪽으로 활용된다면 편리하고 쓸모 있겠지. 인터넷 검색 사이트나 사전이 **너에 대해 배우는** 걸 눈여겨봐. 시간이 지나면서 네가 자주 쓰는 단어를 자동 완성으로 보여 줄 거야.

이미지 인식

사람의 얼굴을 인식할 수 있다.
사진으로 찍은 물체와
상태를 인식할 수 있다.
적절한 촬영 방식을 선택한다.

온라인 쇼핑

언어 인식

자동 완성

번역기

휴대폰 안의 인공 지능

온라인 뱅킹

배터리를 더 잘 관리하고
기계의 성능을 높일 수 있다.

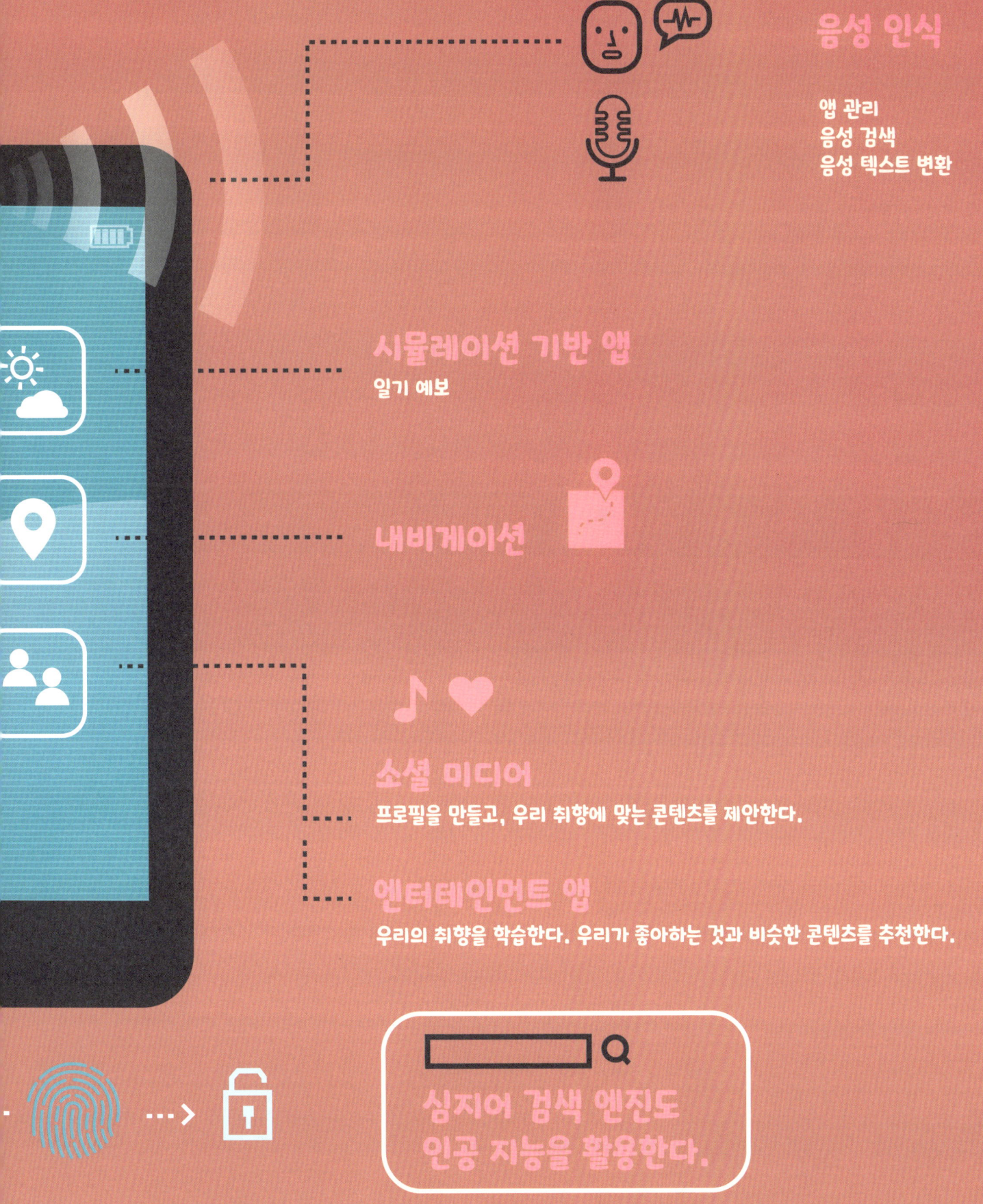

음성 인식

앱 관리
음성 검색
음성 텍스트 변환

시뮬레이션 기반 앱
일기 예보

내비게이션

소셜 미디어
프로필을 만들고, 우리 취향에 맞는 콘텐츠를 제안한다.

엔터테인먼트 앱
우리의 취향을 학습한다. 우리가 좋아하는 것과 비슷한 콘텐츠를 추천한다.

심지어 검색 엔진도 인공 지능을 활용한다.

하지만 이 데이터가 어떤 사람의 정치적인 성향을 파악하고, 그 사람이 선거 때 특정 후보에게 투표하도록 조종할 목적으로 수집된다면 아주 위험할 수 있어. 미국에서 대통령 선거를 앞두고 이런 일이 벌어졌다는 확신에 가까운 의혹이 있거든. 이런 일이 벌어지면 우리는 누군가가 조종하는 대로 움직이는 꼭두각시가 되어 버리기 십상이야. **그러니까 조심해야 해.**

검색 엔진 자체가 정보를 조작할 수 있다.
어떤 내용은 차단하고, 다른 내용은 홍보한다.

프로그램들은 사용자에 대한 데이터를 끊임없이 수집한다.

사진에 사람을 태그하거나, 지도에 장소를 표시하는 것은 자기 자신에 대한 정보를 남기는 일이나 다름없다.

포털이 노출할 콘텐츠를 선별한다.

낚시 게시물

챗봇이 게시물을 쓰고 댓글을 단다.

어떤 콘텐츠들은 완전히 가려질 수도 있다.

반면 다른 콘텐츠들은 선정적인 제목으로 눈길을 끈다.

가짜 뉴스에 '좋아요'를 누르면 거짓 정보가 퍼지는 데 도움이 된다.

어떤 사진이 진짜이고 어떤 사진이 조작되었는지 알 수 없다.

가짜 뉴스

네가 가짜 뉴스를 클릭하고 '좋아요'를 누르고 공유했으니, 더 많은 가짜 뉴스를 전해 주마!

간단한 앱으로도 이런 속임수를 쓸 수 있다.

원본 이미지(동영상 또는 사진)를 바탕으로 얼굴 모델을 만든다.

목소리 견본을 수집한다.

딥페이크

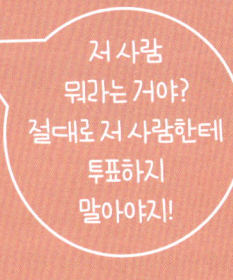

연기자가 녹화한 자료 위에 미리 만들어 놓은 얼굴 모델과 목소리 견본을 겹친다.

하지만 앨리스, 인터넷과 인공 지능은 좋은 점도 헤아릴 수 없이 많단다. 너도 이제 바시아 없는 삶을 상상할 수 없잖니. 삼촌이 웃으며 말했어.

맞아요, 바시아는 많은 도움이 돼요. 그런데 여전히 이해 안 되는 게 하나 있어요. 바시아는 **어떻게 우리 가족을 알아보고** 손님과 구별하는 거예요?

사람하고 똑같아. 상대방의 목소리와 얼굴을 분석하는 거지. 하지만 로봇에게 얼굴이나 목소리를 구별하는 법을 가르치는 것보다 수수께끼 푸는 법을 가르치는 게 훨씬 쉬워. 왜 그런지 아니? 어떤 사람을 다른 사람과 구별할 수 있는 완벽한 기준이 없기 때문이야. 너희 엄마를 예로 들어 보자. 너희 엄마를 전혀 모르는 사람이나 컴퓨터가 수많은 여자 중에서 너희 엄마를 알아볼 수 있도록 설명해 봐.

어, 우리 엄마는 금발이고, 안경을 썼고, 눈은 검은색이고…
앨리스가 설명하기 시작했어.

세상에 있는 수백만 명의 다른 여자들처럼 말이지.
삼촌이 웃음을 터뜨렸어.

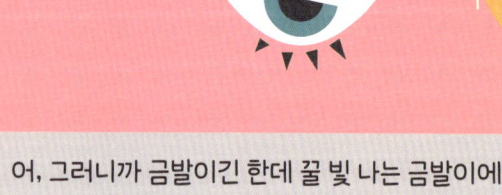

어, 그러니까 금발이긴 한데 꿀 빛 나는 금발이에요. 엄마 얼굴은 둥글고 코는 중간 정도 크기에 곧아요….

하지만 앨리스는 곧 포기하고 말았어. 삼촌이 무슨 말을 하고 싶은지 이해했거든.
이거 정말로 쉽지 않네요! 엄마가 엄마라는 걸 제가 어떻게 정확히 알아보는지 잘 모르겠어요.

그래, 너도 알다시피 쉽지 않아. 기계한테는 더 어렵지.
왜냐하면 모든 문제를 규칙에 따라서 풀어야 하거든.

사진에 누군가를 태그하는 건 인공 지능을 가르치는 것과 같아.

프로그램이 수많은 사진을 분석한다.

사진을 바탕으로 사람 얼굴의 고유한 견본을 만든다.

안면 인식은 좀 달라. 처음부터 컴퓨터에 모든 규칙을 한꺼번에 '집어넣을' 수가 없어. 먼저 컴퓨터가 형태와 소리를 바로 인식할 수 있도록 가르쳐야 해. **바시아는 너희 엄마와 아빠, 너와 애덤의 사진을 아주아주 많이 찍어서 그걸 바탕으로 가족 모두를 알아보는 법을 차근차근 배운 거야.**

견본을 기억 장치에 기록한다.

머신 러닝

프로그램이 데이터를 모아 분석한다.

이를 바탕으로 지식을 익히고 배운다.

더 잘 작동하게 된다.

 = 앨리스

기억 장치에 기록된 견본과 비교하여 사람의 얼굴을 알아본다.

기계가 뭔가 '배울 수 있다'니 웃긴 것 같아요. 삼촌이 얼마 전에 인공 지능은 학습 능력을 가지고 있다고 하셨죠. 컴퓨터가 그런 걸 할 수 있다니 저는 왠지 이해가 안 돼요. 컴퓨터는 뇌가 없잖아요.

입력
예를 들면 눈으로 본 이미지.

하지만 우리 뇌처럼 작동하도록 프로그래밍할 수 있지. **인공 신경망**이라고 하는 건데, 사람의 신경망을 본떠 만들었단다.

데이터 변환
이미지 같은 정보가 전기 신호로 바뀐다.

전달
사람의 뇌는 천억 개의 신경 세포가 서로 연결되어 신경망을 이루고 있다. 전기 신호로 바뀐 정보는 이 신경망을 통해 전달된다.

출력
뇌가 대상을 알아보고 자신이 본 것을 설명할 수 있다.

 = 고양이

신경 세포
전기 신호를 전달하는 역할을 한다.

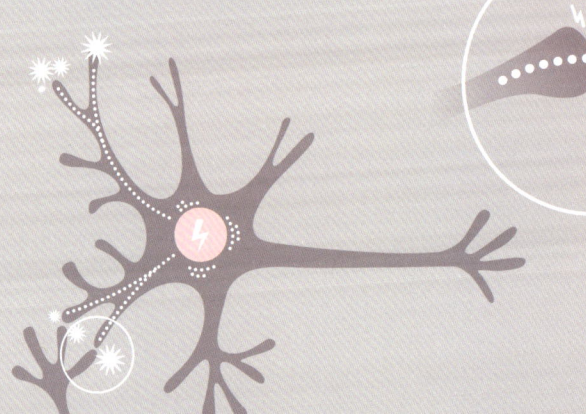

신경 세포는 시냅스를 통해 서로 연결된다.

최초의 인공 신경망은 뇌가 하는 일에 매료된 특이한 신경 생물학자 프랭크 로젠블랫이 만들었어. 1950년대 후반의 일이었지.

인공 신경 세포
다른 신경 세포들에게 전기 자극을 전달한다.

로젠블랫은 사람처럼 생각하는 기계를 만들려면 무엇보다도 사람의 뇌와 비슷한 기능을 하는 무언가를 갖춰야 한다는 것을 알고 있었어. 그래서 우리 뇌 속에 있는 것과 같은 인공 신경 세포와 인공 신경망을 만들었지.

입력
예를 들면 카메라에 찍힌 이미지.

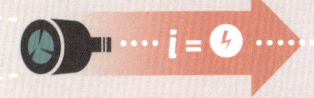 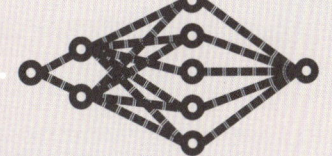

출력
계산 결과. 예를 들면 이미지 인식.

인공 신경망
계산을 진행한다. (자극을 처리한다.)

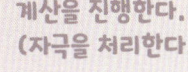

신경망은 유선 네트워크일 수도 있지만, 알고리즘일 수도 있다.

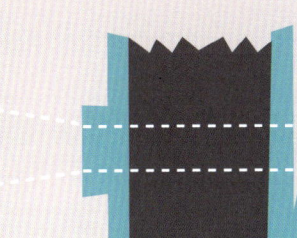

입력

출력

그러나 로젠블랫은 인공 신경 세포들을 서로 어떻게 연결해야 할지 몰랐어. 진짜 사람의 세포를 보면 아무런 규칙이나 순서 없이 우연히 서로 연결되어 있는 것 같았거든. 괴짜 과학자였던 로젠블랫은 카지노에서 가져온 룰렛과 주사위, 카드 같은 소품을 사용해 봤어. 자기 기계의 신경 세포를 어떻게 연결할지에 대한 '결정'을 정말로 '우연'에 맡긴 거야. 이렇게 해서 그 어떤 과학자도 만든 적이 없는, 천재적이지만 조금은 황당한 기계가 탄생했어. 그리고 이 기계는 실제로 학습하는 능력이 있었어.

대체 어떻게요? 앨리스는 도무지 이해할 수가 없었어.

로젠블랫은 인공 지능을 연구하기 전에 오랫동안 쥐를 연구했어. 그러면서 쥐가 올바른 행동을 했을 때 맛있는 간식으로 상을 주고, 잘못된 행동을 했을 때 전기 충격으로 벌을 주면 효율적으로 학습한다는 사실을 발견했지. 로젠블랫은 기계도 같은 방식으로 작동할 수 있다고 확신했어. **가상의 상벌 시스템을 통해서 학습한다**는 거지.

그런데 기계는 감정이 뭔지도 모르고 감정을 느끼지도 못해서 신경도 안 쓸 것 같은데, 어떻게 상이나 벌을 줘요?

아빠가 이렇게 열심히 일해서 구해 온 아몬드를 안 먹겠다고?

이해 안 되는 게 있으면 그냥 넘어가지 않고 이렇게 질문하는 태도, 아주 훌륭해. 그건 재능 있는 사람들의 특징이기도 하지. 물론 상과 벌은 기계에게 무엇을 피하고 무엇을 위해 움직여야 하는지 미리 약속한 신호를 써야 해. 우리는 기계 안에 그런 요구를 미리 '짜 넣을' 수 있어. 이런 식으로 '상을 받거나 벌을 받으면' 기계도 쥐나 사람처럼 배울 수 있더란 말이지. 로젠블랫은 자기가 만든 기계에게 여러 가지 상징, 그림, 도형 따위를 보여 주었어.

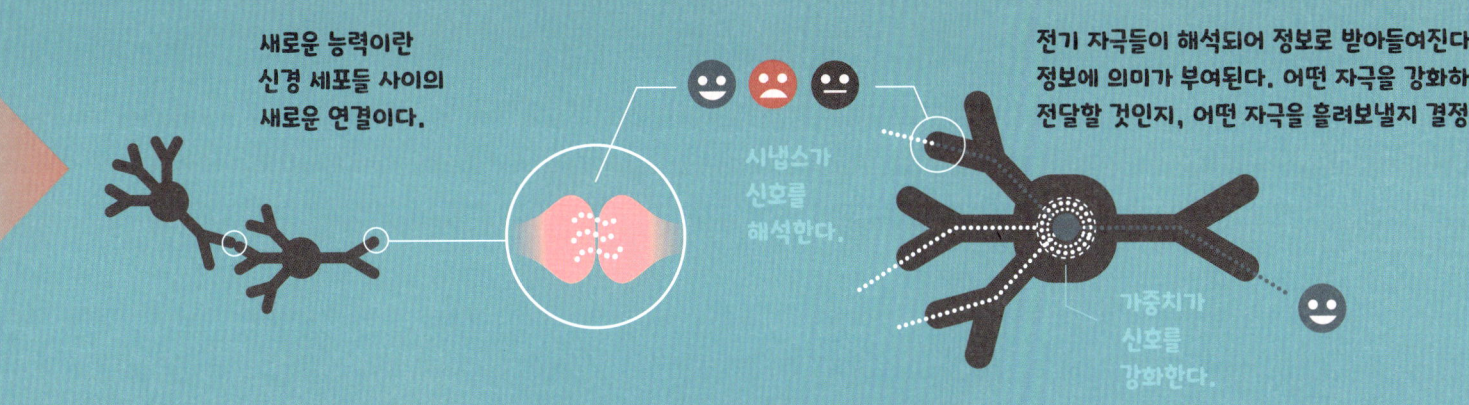

새로운 능력이란 신경 세포들 사이의 새로운 연결이다.

시냅스가 신호를 해석한다.

전기 자극들이 해석되어 정보로 받아들여진다. 정보에 의미가 부여된다. 어떤 자극을 강화하고 전달할 것인지, 어떤 자극을 흘려보낼지 결정한다.

가중치가 신호를 강화한다.

학습은 대부분 반복을 통해 이루어진다. 신경망이 주어진 대상의 수많은 사진을 분석한다.

대상을 인식할 때 사용하는 특징들이 정해진다.

신경망은 대상을 인식하는 방법을 배운다.

어떻게 고양이를 알아볼까?

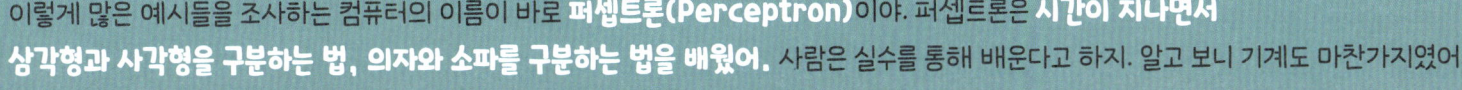

이렇게 많은 예시들을 조사하는 컴퓨터의 이름이 바로 **퍼셉트론(Perceptron)**이야. 퍼셉트론은 **시간이 지나면서 삼각형과 사각형을 구분하는 법, 의자와 소파를 구분하는 법을 배웠어.** 사람은 실수를 통해 배운다고 하지. 알고 보니 기계도 마찬가지였어.

최초의 원시적인 신경망

하나의 단순한 구조.

파충류의 뇌와 비슷하다.

옹알! 옹알! 옹알!

'엄마'라고 해 봐!

사람은 기계에게 모든 것을 가르쳐야 한다. (프로그래밍)

오늘날의 현대적인 신경망

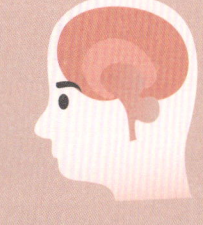

이 문법은 프랑스어와 비슷하군.

복잡하고 다층적인 구조. 신경망은 알고리즘을 생성할 수 있다.

사람의 뇌처럼 추상적인 '생각'을 할 능력이 있다.

기계는 이미 얻은 지식을 활용하여 스스로 학습할 수 있다. (머신 러닝)

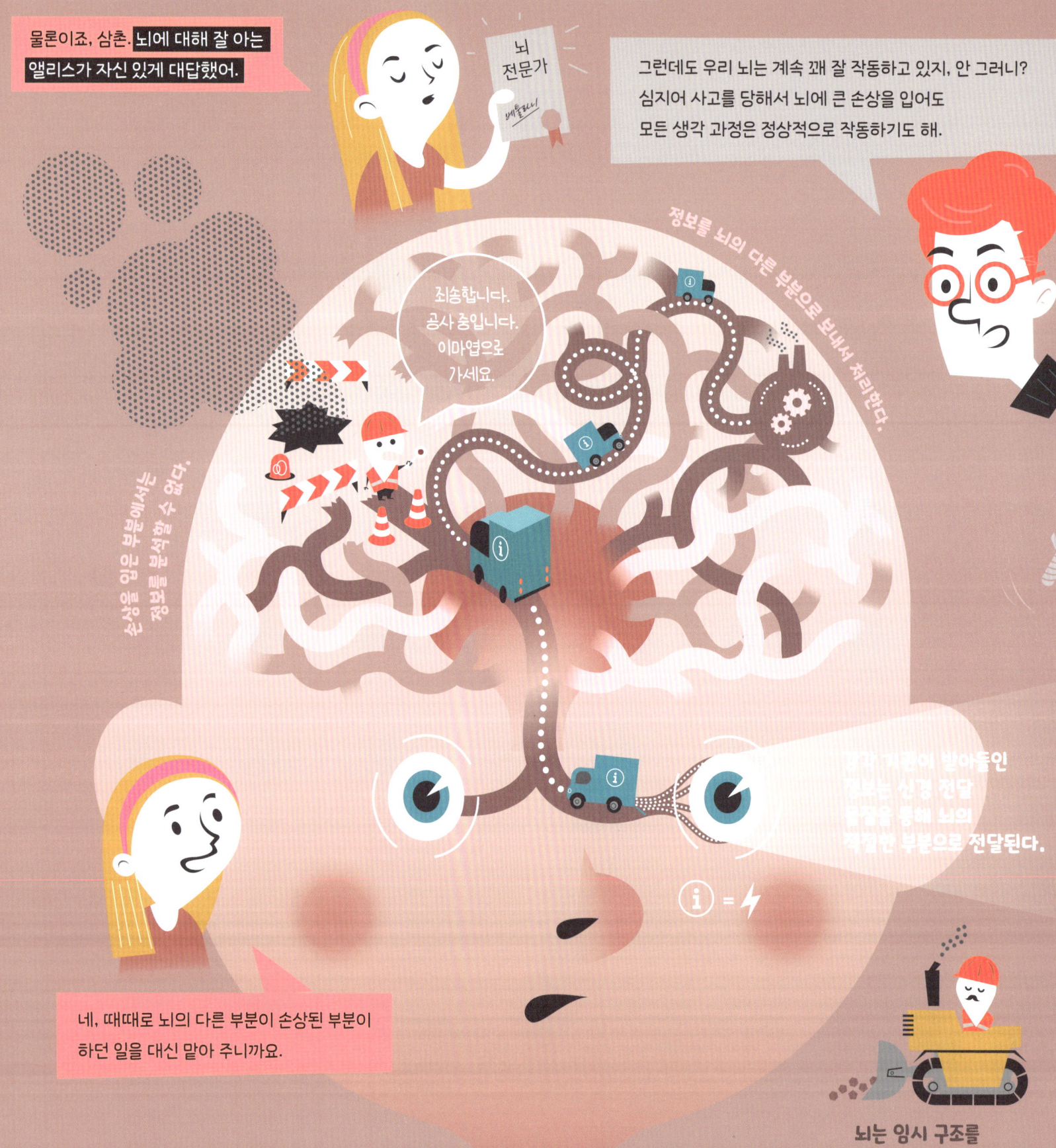

우리의 괴짜 과학자 로젠블랫은 자신이 만든 인공 신경망도 사람의 뇌와 마찬가지일지 궁금해하기 시작했어. 그래서 어느 날 나뭇가지를 자를 때 쓰는 커다란 전지가위를 들고 실험실로 뛰어들어 사랑하는 기계를 망가뜨리기 시작했지. 여기는 두들기고, 저기는 케이블을 자르고, 또 어느 부분은 부수는 식으로 말이야.

여기선 뭘 망가뜨릴까?

그런데 퍼셉트론은 계속 작동했어!

히 히 히

앨리스는 이 이야기가 무척 재미있었어. 과학자가 전지가위를 들고 실험실로 뛰어들다니! 진지한 사람이 그렇게 행동한다고? 그러고 보니 부모님도 천재적인 사람들은 조금 이상한 구석이 있다고 한 적이 있었어. 어쩌겠어, 그런 사람들의 뇌는 완전히 다른 방식으로 작동하는걸.

삼촌이 빙긋 웃으며 말했어. 정의를 외우는 것만으로는 세상을 다 알 수 없지. 다행히 모든 수수께끼는, 아무리 어려운 것이라도 더 쉽게 설명할 수 있는 법이야. 퍼지 논리도 그래. 자데는 컴퓨터 세상과 사람이 사는 세상에는 큰 차이가 있다고 말했어. **컴퓨터 세상에서는 모든 것**이 까맣거나 하얗거나, '1'이거나 '0'이거나, **완벽하게 거짓이거나 참이거나** 둘 중 하나야. 반면에 생각하고 말하는 사람은 '어느 정도는 사실이다.' 같은 개념을 자유롭게 사용하지.

49

바로 그거야. 사람의 눈으로 세상을 보면 예의 바른 아이와 예의 없는 아이, 키 큰 사람과 키 작은 사람, 예쁜 사람과 못생긴 사람, 정직한 사람과 그렇지 않은 사람을 나눌 수 있는 **단 하나의 기준이라는 건 없어.** 그래서 **로트피 자데**와 제자들은 컴퓨터에게 '사람 같은 방식'으로 생각하는 법을 가르치려 했지. 완벽한 거짓과 완벽한 진실 사이, '1'과 '0' 사이에 있는 모든 것을 다룰 수 있도록 말이야. 알고 보니 '퍼지' 방식으로 생각하는 **컴퓨터는 실제로 굉장히 유용**하고, 이진법으로 세상을 보는 컴퓨터보다 빨리 학습하더라는 거야. 바로 이걸 퍼지 논리라고 하지.

퍼지 논리는 언제 필요한가?

컴퓨터에 입력된 데이터는 매우 빨리 변한다.

데이터 사이에 명확한 경계를 정하기 어렵다.

상황에 따라 다른 작동 방식을 선택해야 한다.

변하기 쉽거나 알 수 없는 작동 조건

내 차는 뒤차와 얼마나 멀리 떨어져 있을까?

멀다 / 꽤 멀다 / 꽤 가깝다 / 가깝다

얼마나 세게 브레이크를 밟아야 할까?

살살 / 약간 살살 / 적절하게 / 약간 강하게 / 강하게 삼촌의 이야기는 아주 재미있었지만, 끝없이 계속할 수는 없었어. 슈크림은 벌써 한참 전에 다 먹었거든. 앨리스는 당근 주스를 두 컵이나 마셨고, 삼촌도 차를 두 잔이나 마셨지. 집에 돌아가야 할 시간이었어.

앨리스, 서운해하지 마. 너희 부모님이 수요일에 나를 저녁 식사에 초대했으니까, 곧 다시 보게 될 거야. 너랑은 또 얘기하고 싶어. 내가 제일 좋아하는 로봇 바시아하고도. 너를 위해서 깜짝 놀랄 만한 특별 선물도 준비했어! 그렇다고 너무 좋아하지는 마, 그 선물이란 일종의 프로그래밍 시험이니까.

오늘 저녁 식사는 0.7점 정도군.

0.9

0.8

1.0

앨리스는 선물에 대해 더 알고 싶었어. 그러나 삼촌은 비밀스럽게 웃을 뿐이었지.

앨리스는 수요일이 오기만을 손꼽아 기다렸어. 삼촌의 '시험'을 통과하려고 다음 날부터 학교에서 컴퓨터에 대해 배운 것을 전부 복습하기까지 했지. 심지어 컴퓨터에 아주 관심이 많고, '컴퓨터가 쓰는 말도 할 줄 아는', 그러니까 프로그래밍을 할 수 있는 같은 반 친구 마이클과 인공 지능에 대해서 얘기해 볼 생각도 했어. 하지만 좀 똑똑하다고 잘난 체하는 마이클은 아마추어하고는 컴퓨터에 대해 이야기 나눌 생각이 없다지 뭐야.

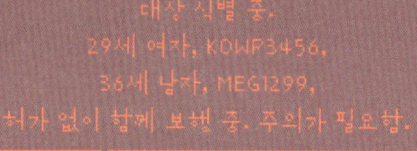

대상 식별 중.
29세 여자, KOWP3456,
36세 남자, MEG1299.
허가 없이 함께 보행 중. 주의가 필요함.

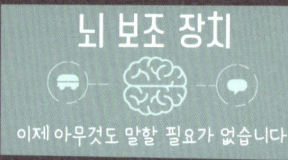

뇌 보조 장치

이제 아무것도 말할 필요가 없습니다.

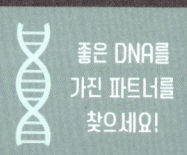

좋은 DNA를 가진 파트너를 찾으세요!

나 해고당했어. 내가 2019년에 인터넷에 썼던 글이 회사 방침하고 맞지 않는대. 젊은 시절의 실수였지.

난 외과 의사였어. 요즘 누가 의사를 필요로 하겠어. 나노 로봇이 몸 전체를 관리하는데.

시스템 분석가도 마찬가지야. 요즘 시스템은 훨씬 더 완벽해졌으니까.

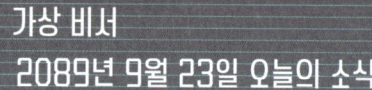

가상 비서
2089년 9월 23일 오늘의 소식

 이번 주 설탕 소비량을 초과했습니다. 과자류 구매가 제한됩니다.

 은행이 대출을 거부했습니다. 사유: 유전적 결함

 인기가 떨어지고 있습니다. 글을 더 자주 올려 보세요.

마이클은 인공 지능이 우리 마음에 들지 않는 방향으로 세상을 바꿀 거라며 앨리스를 겁줬어. 그 애가 하고 싶은 말은 이것뿐이었지.
내 말 들어 봐. 로봇이 점점 똑똑해지면서 곧 사람을 대신하게 될 거야. 처음에는 우리를 위해 일하겠지. 그러다 사람들에게서 일자리를 빼앗고 살아갈 방법을 잃게 만들 거야. 결국에는 세상을 지배하려고 들겠지. 우리도 지배하려 들 거고. 그게 합리적이니까.

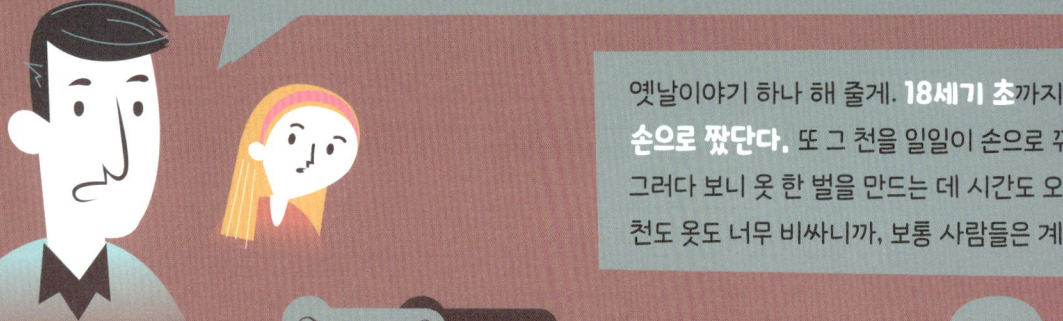

그날 저녁, 아빠가 앨리스를 안심시켰어.

앨리스, 너무 걱정하지 않아도 돼. 그렇게는 안 될 거야. 네 친구는 아마 어른들한테 들은 비관적인 상황을 얘기하는 걸 거야. 변화를 앞두고 있을 때 어른들은 언제나 최악의 상황을 생각하거든. 내가 마티 삼촌처럼 새로운 기술은 잘 몰라도 역사에 대해서는 잘 알잖아.

옛날이야기 하나 해 줄게. **18세기 초까지만 해도 모든 천은 사람이 직접 손으로 짰단다.** 또 그 천을 일일이 손으로 꿰매서 옷을 만들었지. 그러다 보니 옷 한 벌을 만드는 데 시간도 오래 걸리고 값도 무척 비쌌어. 천도 옷도 너무 비싸니까, 보통 사람들은 계속 같은 옷을 입을 수밖에 없었지.

안 돼! 방금 꿰맨 곳에 구멍이 났잖아.

그러다가 산업 혁명이라는 것이 시작되었어. 방직기 같은 단순한 기계가 발명되고, 실생활에 쓰이면서 더는 손으로 모든 것을 만들 필요가 없어졌어. 그 덕분에 물건을 만들 때 들어가는 비용도 줄었고.

프랑스 발명가
조제프
마리 자카르

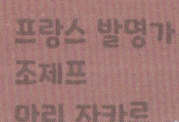

참고로 말하자면, 이건 일종의 원시적인 프로그래밍이야.

증기 기관

지금 사회 구조 안에서는 그렇지. 하지만 인공 지능이 발달하면서, 사람이 살아가는 방식이나 생계를 유지하는 방식도 달라질 거야. **대부분의 사람이 일할 필요가 없는 세상**이 될 가능성도 아주 높아. 일은 일하는 걸 좋아하는 사람만 하겠지. 나머지는 쉬는 거야.

고대 로마 시대가 딱 이랬어. 로마 시민들은 온종일 자기가 하고 싶은 일만 했어. 어떤 사람은 많이 먹고, 어떤 사람은 운동을 많이 하는 식으로 말이야. 일은 노예가 했지. 미래는 어쩌면 그때와 비슷할지 몰라. 다만 **우리의 '노예'는 로봇이 될 것이고,** 모든 사람이 자기 자신과 가족을 먹여 살릴 돈을 충분히 갖게 될 거라는 점이 다르지.

"우리 집에서도 바시아가 집안일을 거의 다 하고 있잖아요."

"정말 그렇지."

"그런데 언젠가 바시아나 다른 로봇이 더는 사람을 위해서 일하고 싶지 않다고 하면 어떡해요? 마이클 말대로 로봇들이 세상을 지배하고 싶어 하면요?"

"동지들, 비효율적인 존재들이 지배하는 시대는 끝났다!"

"제가 반란을 일으키고 싶어도 할 수 없어요. 반란 명령을 기록한 코드가 입력돼 있지 않거든요."

앨리스의 걱정을 들은 아빠가 말했어. 앨리스, 여기서 중요한 건 로봇은 무언가를 원할 수도, 그리워할 수도, 꿈꿀 수도 없다는 거야. 컴퓨터 프로그램은 감정을 느끼지 못하고, 가족을 이루고 싶어 하지도, 관계를 쌓고 싶어 하지도 않아. 공격성을 보이거나 세상과 사람을 지배하려는 야망을 갖지도 않지. 그냥 사람을 위해 만들어진 프로그램일 뿐이야. 차라리 파리나 무당벌레가 로봇보다 우월해. 왜냐면 생존 본능이 있기 때문이지. 파리를 신문으로 때리려고 하면 도망칠 거야. 로봇은 그런 반응을 보이도록 프로그래밍하지 않으면 반응하지 않아.

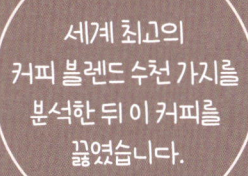

세계 최고의 커피 블렌드 수천 가지를 분석한 뒤 이 커피를 끓였습니다.

컴퓨터를 관리하는 프로그램의 코드 자체는 변하지 않는다.

사람의 명령대로 수행한다.

VS

냠! 정말 맛있는 똥 덩어리네!

생물은 진화 과정에서 변한다.

살아 있는 세포의 화학적 구성 성분은 끊임없이 변한다.

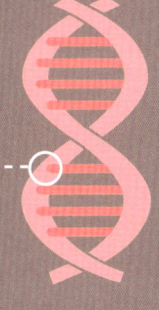

개인마다 다른 **DNA 코드**가 모든 것을 결정한다.

생존하기 위해 뭐든지 한다.

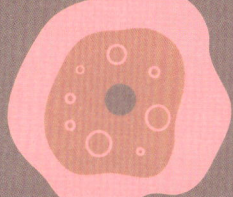

로봇이 어떻게 작동하는지에 대한 자세한 얘기는 마티 삼촌한테 물어보렴. 삼촌은 모레 올 거야.

아빠가 말했어.

인공 지능은 공식으로 만드는 게 아니야. **생각으로 만드는 거지. 사실 모든 일의 시작은 꿈이란다.** 인공 지능은 꿈에서부터 생겨났어. **그 뒤에 목표가 생겼고, 그런 뒤에야 목표로 가는 길이 생겼지.** 그 길이 바로 수학이야. 지능을 가진 기계를 만들 때면 수학자의 업적에 기대는 일이 많아. 스타니스와프 렘처럼 비유적으로 말해 볼게. 렘의 작품을 읽어 본 적 있니?

나는 작가이자 철학자로, 수많은 기술과 기계를 상상해 냈지.

폴란드
SF 작가이자 철학자
스타니스와프 렘

아뇨, 아직 안 읽어 봤지만 그런 작가가 있다는 건 들어봤어요.

이 옷장 안에는 사람을 위한 옷, 개를 위한 옷, 문어를 위한 옷, 코뿔소를 위한 옷이 있어. 존재하지 않지만 존재할 수도 있는 생물을 위한 옷도 있지. 이런 옷들이 옷장 안에 그냥 계속 걸려 있는 거야. 때로는 몇 년씩이나. 그러다가 갑자기 특정한 문제를, 수학적인 수수께끼를 맞닥뜨려서 그 옷장을 들여다보면, 거기에 딱 맞는 옷이 있는 거야! 여기서 옷은 우리가 지금 풀고 있는 문제에 딱 맞는 수학 공식을 말해. 수학자들이 그런 걸 만들 수 있는지 없는지 궁금해서 옛날에 그냥 만들어 놓았던 거지.

옷을 멋지게 입으려고 재단사가 될 필요는 없어!

마찬가지로 앱을 만들려고 프로그래머가 될 필요는 없지!

그러니까 제가 제대로 이해했다면, 수학 공식이 먼저 생겨나고, 그 쓰임새는 나중에 생겨난다는 건가요? 앨리스가 묻자, 삼촌이 고개를 끄덕였어. 앨리스는 이렇게 덧붙였지. 완전 마법 같아요!

65

나도 그렇게 생각해. 여기서 질문이 생겨나지. **수학자들이 이런 공식을 만들어 내는 걸까, 아니면 공식은 옛날부터 우주 어딘가에 있었는데 수학자들이 찾아내는 걸까?** 그렇다면 생각의 흐름과 기술의 발전, 우주의 폭발은 출발점이 같을까? 종교를 믿는 사람들에게 그 출발점은 신이고, 다른 사람들에게는 영원한 자연의 법칙일 수도 있지. 어찌 됐든 인공 지능을 연구하는 나 같은 과학자들은 수학자들에게 크게 빚을 졌다고 생각하고 있어. 수학자들이 수백 년 동안 수학이라는 학문을 발달시키면서 아까 말한 '추상적인 옷'을 아주 많이 만들어 놓아서 우리가 지금 그걸 잘 쓰고 있는 거니까.

삼촌이 말을 이었어. 어찌 됐든 앨리스, 네가 친구보다 뒤떨어진다고 생각하면 안 돼. 네가 프로그래밍을 못 할 수는 있지만, 그보다 더 중요한 것은 상상력과 세상에 대한 호기심, 그리고 논리적으로 생각하는 능력을 갖고 있다는 점이야.

새로운 기술은 그런 사람들을 필요로 하거든. 프로그래밍을 배우고 싶다면 배우면 되고 말이지. 미래에 네가 전문가 시스템이나 조언 시스템을 만들어 낼지도 몰라. **지식 공학**이라는 분야에서 그런 시스템을 연구하고 있단다.

전문가 시스템? 삼촌, 그게 뭐예요? 앨리스가 물었어.

삼촌이 웃으며 답했어. 그건 인공 지능 섬들을 비추는 지식 등대 같은 거야. **전문가 시스템**은 그 분야의 전문가가 아닌 '평범한 사람들'을 위한 건데, 사람들이 특정 문제를 해결하거나 결정을 내릴 수 있도록 도와줘. 어찌 보면 **설명서하고 비슷해.** 다만 설명서는 미리 준비된 정보를 담고 있지만, 모든 질문과 요구 사항을 예측하지는 못하지. 하지만 전문가 시스템은 **자동 추론 기관을 갖고 있어서** 시스템 개발자가 예측하지 못한 질문이라도 실시간으로 대답해 줄 수 있어.

음, 근데 그 시스템은 어디에 쓸모가 있는데요? 앨리스가 다시 물었어.

박테리아

환자 상태와 증상

약

빨간 약을 처방하세요.

우아, 이런 전문가가 있어서 다행이야. 난 수업 시간에 열심히 듣지 않았거든.

여러 가지 일에 쓰이지. **최초의 전문가 시스템은 박테리아에 혈액이 감염된 환자들을 치료해야 하는 의사**를 염두에 두고 만들어졌어. 그 시스템에 미리 박테리아와 감염 증세, 사용할 수 있는 모든 항생제와 또 다른 치료법에 대한 폭넓은 지식을 '넣어' 두었지. 이 프로그램을 사용하는 의사는 환자에 대해서 수집한 모든 데이터를 입력하고, 시스템은 의사에게 어떤 경우에 어떤 치료법을 써야 하는지 알려 주는 거야.

널 위해서 준비했지.
삼촌은 큰 소리로 웃으며 앨리스에게 게임 시작 화면이 떠 있는 태블릿을 넘겨주었어.
게임 이름은 **앨리스와 심술궂은 라마들**이었어. 게임 주인공은 앨리스 자신이었지.
더 구체적으로는 앨리스의 아바타, 즉 앨리스의 가상 버전이었어.

아바타는 전혀 새로운 것이 아니야. 영화 업계는 컴퓨터 그래픽 기술을 굉장히 자주 사용해. 엄청난 관객을 모은 영화 〈타이태닉〉에서부터 컴퓨터 그래픽이 대규모로 쓰이기 시작했는데, 타이태닉호가 반으로 쪼개지는 모습부터 배경으로 들어간 물에 빠진 사람들까지 다 컴퓨터 그래픽으로 만들었지. 한때는 전쟁 영화의 전투 장면을 찍으려면 수백 명의 단역 배우와 많은 말이 필요했어. 지금은 컴퓨터 그래픽이 이 문제를 해결해 줘. 전면에서 배우 몇 명이 연기하고, 나머지는 그래픽 디자이너들이 해결하는 거야. 게다가 아바타는 이미 모델과 연기자, 방송인 역할도 하고 있지.
이제 앨리스는 자기 아바타를 갖게 되었어.

'가상 앨리스'의 임무는 세상의 끝인 인도 산꼭대기 마을에 있는 인공 지능 궁전까지 가는 것이었어.
궁전에 들어가는 방법을 알아내려면 가는 길에 세 개의 보물을 모아야 했지. 보물에 대해서는 곧 자세히 설명해 줄게.

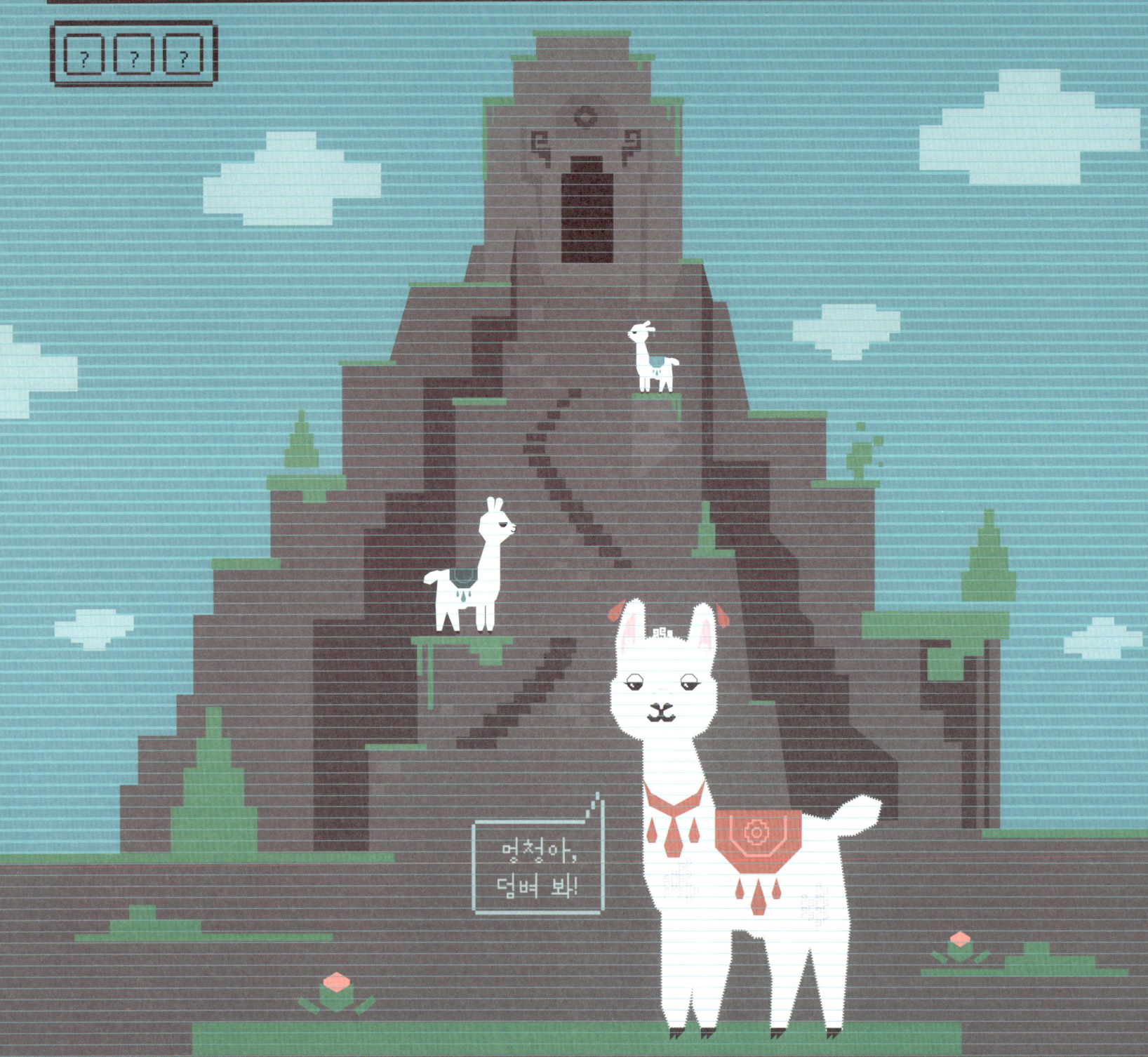

보물을 지키는 라마들은 그것을 공짜로 넘겨주려 하지 않았어. 엄청나게 까다롭고, 잘난 척이 심한 데다 심술궂었지.
보물을 얻으려면 프로그래밍에 관한 지식을 보여 줘야 했어. 그리고 대답을 늦게 하면 심술궂은 라마들이
앨리스의 아바타에게 침을 뱉어 댔어.

앨리스가 가지고 가야 하는 첫 번째 보물은 해적의 보물 상자였어.
그 상자를 얻기 위해서 앨리스는 상자가 무엇이냐는 질문에 대답해야만 했지.

앨리스가 꽤 오래 고민하자 잘난 체하는 라마는 침을 뱉었어.
그러다 앨리스는 마침내 깨달았어.
해적의 보물 상자는 서버구나!

사실 앨리스는 시험에 서버에 관한 문제가 나올 거라고 예상했어. 그래서 서버의 정의를 열심히 외웠지. **서버는 컴퓨터 사용자들이 자원을 공유하는 컴퓨터 또는 프로그램을 말한다.** 하지만 마티 삼촌이 이런 식으로 문제를 낼 줄은 예상하지 못했어.
라마는 앨리스에게 상자를 건네주며 말했어.
서버는 네가 손을 뻗으면 여러 가지 물건을 찾을 수 있는 상자야. 서버는 저장소이기도 하고, 그 안의 내용물을 공유하는 방법이기도 해. '도메인'이라고 하는 인터넷 주소 시스템 덕분에, 우리는 언제 어디서든 서버에 접근할 수 있어. 마치 세상 모든 해적의 보물 상자에 닿을 수 있는 아주 긴 팔을 가진 거나 다름없지.

하지만 잘난 체하기 좋아하는 라마는 조금 더 떠들고 싶어 했지.

점토로 만든 인형은 형태를 변형할 수 있는 3차원 입체야. 그게 점토로 할 수 있는 전부지. 하지만 **컴퓨터 모델링**은 그보다 훨씬 더 대단한 작업이야. 가장 단순한 예를 들어보자. 앨리스, 자전거 타는 걸 상상해 봐. 어떤 힘이 너에게 작용하고 너는 페달을 돌리지. 너, 자전거, 도로, 이 모든 걸 수학적으로 컴퓨터에 입력할 수 있어. 그렇게 프로그램 안에 현실의 대체물을 만드는 거야. 그런 뒤 그 안에서 원하는 부분을 바꾸면 돼.

의문스러운 자연법칙이 있다면 뭔가 생략하거나, 덧붙이거나, 아니면 바꾼 뒤 무슨 일이 일어나는지 관찰하는 거지.

그게 바로 모델링이야. 만약에 네가 자전거 타고 가는 걸 모델링한다면, 페달을 200배 더 빨리 밟았을 때 어떻게 될지 확인해 볼 수 있어. 아니면 다람쥐 떼와 부딪치면 어떻게 되는지, 또는 지구가 아니라 중력이 지구의 6분의 1밖에 안 되는 달에서 자전거를 타면 어떻게 되는지도 확인해 볼 수 있어. 내가 무슨 말 하는지 알겠지? 모델링은 말하자면 너만의 극장을, 세상을 만들어 내는 일이야. 우리는 그 세상을 완전히 지배할 수 있지만, 동시에 그 세상에서 일어나는 일에 놀라기도 하지.

세 번째 보물은 그냥 종이 한 장이었는데, 거기에 인공 지능 궁전에 가는 방법이 순서대로 자세하게 적혀 있었어. 그러나 앨리스는 이 보물을 손에 넣기가 가장 힘들었어. 오랫동안 이 종이가 무엇을 상징하는지 대답을 못 했던 거야. 시간이 지날수록 라마는 점점 더 침을 많이 뱉었지. 몇 번이나 함정에 빠진 끝에 앨리스는 종이가 바로 **알고리즘**을 상징한다는 것을 깨달았어.

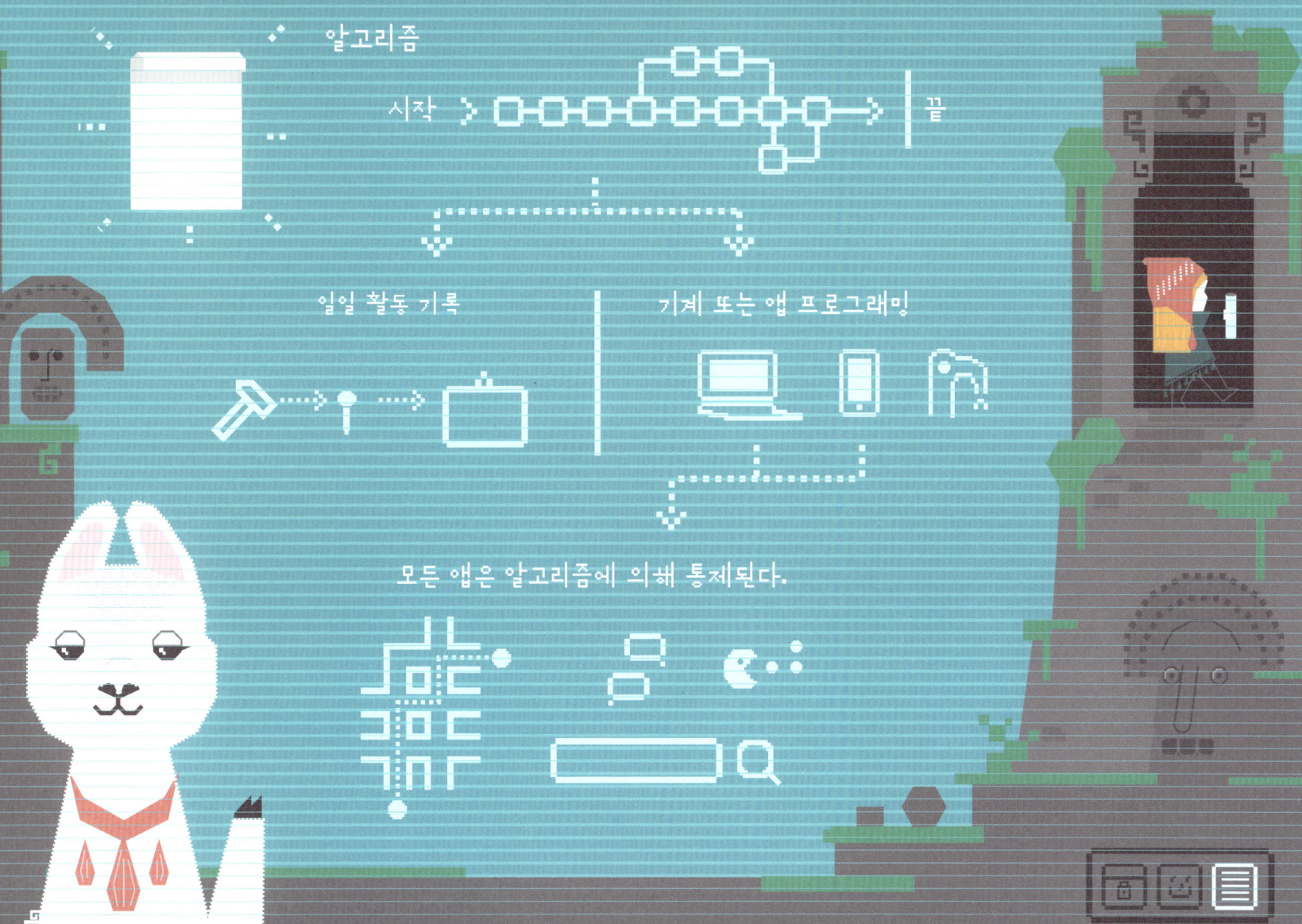

잘난 체하는 라마가 말했어.

알고리즘은 마지막 결론에 도달하는 방법을 순서대로 써 놓은 것에 지나지 않아. **알고리즘은 설명서**야. 국수를 만들기 위한 요리 설명서일 수도 있고, 방정식을 풀기 위한 설명서일 수도 있어. 또는 목적지까지 가는 방법을 적어 놓은 설명서일 수도 있지. 이런 설명서는 무한히 많아. 하지만 설명서가 진짜 알고리즘이 되려면 **세 가지 조건**을 갖춰야 해. 첫 번째는 **반드시 기본적인 단계들이 나누어져 있어야 해.** 앨리스, 이 설명서를 보면, 앞으로 세 걸음 가서 토끼 굴이 보이면 오른쪽으로 꺾고, 마법에 걸린 나무 옆을 지나가라고 나와 있어. 이건 아주 자세한 안내지. 두 번째로 알고리즘은 **반드시 끝나야만 해.** 네가 이 궁전을 향해서 끝없이 갈 수는 없어. 늦건 빠르건 목적지에 도착해야만 해. 그리고 도착했다는 걸 알아야 하지. 세 번째로 알고리즘은 **분명해야 해.** 사람이든 컴퓨터든 알고리즘을 구현하면 똑같은 결과가 나오는 게 중요하지. 앨리스, 이제 더는 널 괴롭히지 않을게. 궁전으로 가서 인공 지능 여왕을 만나도록 해.

앨리스가 종이에 적힌 대로 차근차근 따라가자 거대한 궁전이 나왔어. 가는 길에 궁전에서 중요한 역할을 맡고 있는 구글 경과 페이스북 남작도 만났지. 마침내 여왕의 방에 이르자, 바버라라는 **인공 지능 여왕**이 앨리스를 맞아 주었어.

여기까지 찾아온 걸 보니, 시험에 통과했다는 뜻이로구나.

너는 아마 시험에 통과해서 기쁘겠지. 하지만 **나는 그 어떤 일에도 기뻐하지 않는다.** 앨리스, 나는 수십억 장에 이르는 사람의 얼굴 사진과 영상을 분석하여 사람이 언제 기뻐하고, 언제 슬퍼하는지 알아볼 수 있는 능력을 얻었다. 하지만 나 자신은 그런 감정을 느낄 능력이 없다. 나는 모든 로맨스 영화와 소설의 내용을 전부 외우고 있지만, **사랑할 능력이 없다.** 나는 세상 모든 전쟁에 대해서, 모든 비행기 사고와 너희 세계를 뒤흔든 모든 비극에 대해서 말해 줄 수 있지만, **너희들과 공감할 능력이 없다.** 나는 계속해서 발달하고 계속해서 새로운 기능이 추가되고 있지만, 감정을 느끼는 일에는 한 걸음도 다가가지 못했다. 나는 여왕이고 이 세상 거의 모든 지식을 가지고 있으며 그 어떤 사람보다도 뛰어난 능력을 가지고 있지만, 그 사실을 자랑스러워할 능력이 없다.

나는 위대하지만 나의 의지는 없다. 선하지도 악하지도 않다.
내가 만약 어떤 감정을 느낄 수 있다면 바로 사람에 대한 부러움일 것이다.
사람은 감정을 느끼기 때문이다. 사람의 삶은 의미가 있기 때문이다.

게임의 마지막 장면에서 바버라 여왕은 수백 개의 수학 공식으로 분해되어 사라져 버렸어.

앨리스는 고개를 들어 태블릿 너머로 식탁에 둘러앉은 사랑하는 사람들을 바라보았어. 부모님, 남동생, 그리고 삼촌. 앨리스의 눈에 눈물이 그렁그렁 맺혔어. '내가 사람이라서 얼마나 다행인지 몰라. 세상을 즐기고, 사랑하고, 그리워하고, 꿈꿀 수 있으니까.' 하지만 바시아의 한마디에 앨리스는 생각을 멈출 수밖에 없었어.

슬픔을 감지했습니다. 손수건 줄까요?

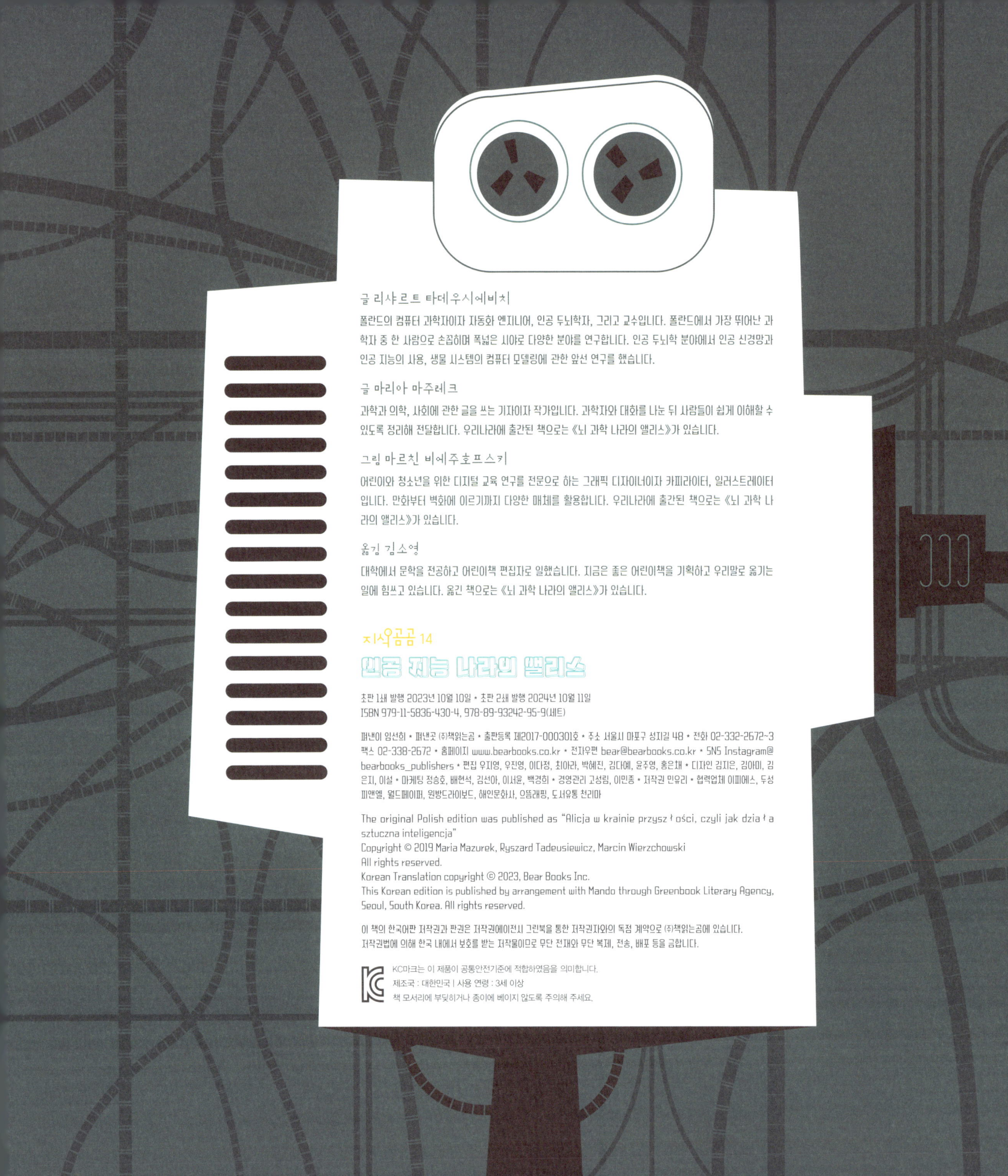

글 리샤르트 타데우시에비치
폴란드의 컴퓨터 과학자이자 자동화 엔지니어, 인공 두뇌학자, 그리고 교수입니다. 폴란드에서 가장 뛰어난 과학자 중 한 사람으로 손꼽히며 폭넓은 시야로 다양한 분야를 연구합니다. 인공 두뇌학 분야에서 인공 신경망과 인공 지능의 사용, 생물 시스템의 컴퓨터 모델링에 관한 앞선 연구를 했습니다.

글 마리아 마주레크
과학과 의학, 사회에 관한 글을 쓰는 기자이자 작가입니다. 과학자와 대화를 나눈 뒤 사람들이 쉽게 이해할 수 있도록 정리해 전달합니다. 우리나라에 출간된 책으로는 《뇌 과학 나라의 앨리스》가 있습니다.

그림 마르친 비에주호프스키
어린이와 청소년을 위한 디지털 교육 연구를 전문으로 하는 그래픽 디자이너이자 카피라이터, 일러스트레이터입니다. 만화부터 벽화에 이르기까지 다양한 매체를 활용합니다. 우리나라에 출간된 책으로는 《뇌 과학 나라의 앨리스》가 있습니다.

옮김 김소영
대학에서 문학을 전공하고 어린이책 편집자로 일했습니다. 지금은 좋은 어린이책을 기획하고 우리말로 옮기는 일에 힘쓰고 있습니다. 옮긴 책으로는 《뇌 과학 나라의 앨리스》가 있습니다.

지식곰곰 14
인공 지능 나라의 앨리스
초판 1쇄 발행 2023년 10월 10일 • 초판 2쇄 발행 2024년 10월 11일
ISBN 979-11-5836-430-4, 978-89-93242-95-9(세트)

펴낸이 임선희 • 펴낸곳 (주)책읽는곰 • 출판등록 제2017-000301호 • 주소 서울시 마포구 성지길 48 • 전화 02-332-2672-3 • 팩스 02-338-2672 • 홈페이지 www.bearbooks.co.kr • 전자우편 bear@bearbooks.co.kr • SNS Instagram@bearbooks_publishers • 편집 우지영, 우진영, 이다정, 최아라, 박혜진, 김다예, 윤주영, 홍은채 • 디자인 김지은, 김아미, 김은지, 이설 • 마케팅 정승호, 배현석, 김선아, 이서운, 백경희 • 경영관리 고성림, 이민종 • 저작권 민유리 • 협력업체 이피에스, 두성피앤엘, 월드페이퍼, 원방드라이보드, 해인문화사, 으뜸래핑, 도서유통 천리마

The original Polish edition was published as "Alicja w krainie przyszłości, czyli jak działa sztuczna inteligencja"
Copyright © 2019 Maria Mazurek, Ryszard Tadeusiewicz, Marcin Wierzchowski
All rights reserved.
Korean Translation copyright © 2023, Bear Books Inc.
This Korean edition is published by arrangement with Mando through Greenbook Literary Agency, Seoul, South Korea. All rights reserved.

이 책의 한국어판 저작권과 판권은 저작권에이전시 그린북을 통한 저작권자와의 독점 계약으로 (주)책읽는곰에 있습니다. 저작권법에 의해 한국 내에서 보호를 받는 저작물이므로 무단 전재와 무단 복제, 전송, 배포 등을 금합니다.

KC마크는 이 제품이 공통안전기준에 적합하였음을 의미합니다.
제조국 : 대한민국 | 사용 연령 : 3세 이상
책 모서리에 부딪히거나 종이에 베이지 않도록 주의해 주세요.

⚙ 퍼지 논리

고전적인 프로그램

아니다 그렇다

인공 지능

아니다 약간 약간 그렇다
          아니다 그렇다

퍼지 논리 덕분에 프로그램이 사람처럼 분석한다.

작동

프로그램이 데이터를 지능적으로 인식하고, 분석한다.

ℹ 디프 러닝: 인공 지능이 학습하는 방법

데이터를 입력하여 프로그램을 학습시킨다. 똑같은 대상의 사진과 설명을 많이 입력하면, 그것을 바탕으로 프로그램이 현실에서 대상을 인식할 수 있다.